La plegaria de la ola
Blanca Estela Domínguez

Colección Baños del Carmen

Blanca Estela Domínguez

La plegaria de la ola

EDICIONES VITRUVIO
Colección Baños del Carmen,
nº 1071

www.edicionesvitruvio.com

Primera edición, 2025

© Ediciones Vitruvio
C/ Menorca, nº 44
28009
Madrid
Teléfono: 91 573 21 86

ediciones vitruvio, nº 1. 790
ISBN: 979-13-991256-0-3

EL HOGAR DE LA POESÍA

Leí en algún lugar que toda obra literaria de calidad lleva un título que la define y la ratifica en su esencia. *La plegaria de la ola,* el libro que ahora tienes entre las manos, es un ejemplo emblemático. Su poesía se ciñe amorosamente a las cinco palabras que encabezan el poemario. Razonar esta premisa será en parte la tarea de este prólogo.

Hablar del mar como *topos* poético es abrir la puerta a múltiples significaciones, es escuchar en la brisa marina un susurro que nos remonta hasta Homero y que se perpetúa alegóricamente en una larga cadena de poetas: desde Stéphane Mallarmé a Paul Valéry, de Rafael Alberti a Konstantinos Kavafis, solo por citar algunos de los más eminentes. Ahora y siempre el mar conmueve, embriaga; es belleza primigenia, fuente de vida; actúa como interlocutor y confidente. Es, en definitiva, una fuerza totémica ante la cual el ser humano solo puede rendirse. Y por todo ello es también "casa", "hogar".

De ahí que *La plegaria de la ola* continúe la tradición poética que desde hace más de dos mil años celebra el mar y su vínculo con la humanidad. Sin embargo, Blanca Estela Domínguez, poeta del siglo XXI, no se estanca en esa simbología. Por el contrario, se reapropia del *topos*, lo personaliza, lo intensifica y lo dota de cualidades antropomórficas. La autora escucha ensimismada la plegaria de esa ola marina mientras evoca azules y lunas nocturnas que nos alertan con su misterio lorquiano. Esta influencia de Federico García Lorca está presente en el primer poema del volumen "Canción de amor para Beatriz". Por su estética, métrica y tema. La sensualidad impregna el discurso poético de todo el libro y vemos cómo proliferan el agua, las aves y otros animales. *La plegaria de la ola* es, en consecuencia, exultación de vida que pivota alrededor del líquido marino, pero al mismo tiempo, constatación inevitable de la muerte. En un regreso a los orígenes, al México que vio nacer a su autora, las imágenes se inscriben en la cosmogonía azteca:

Chalchiuhtlicue es su esposa,
la diosa del agua;
de los lagos, los mares, los manantiales...

Del fondo a la forma, cabe destacar la sonoridad rítmica de sus versos, su riqueza verbal, el lenguaje expresionista, entreverado con imágenes surrealistas. La voz poética dosifica estos recursos y profundiza en la experiencia vital para dotarla de trascendencia. El resultado es una gama de sentimientos y reflexiones que van del amor, la añoranza y el deseo, hasta la conciencia sobre el paso del tiempo y la irreversibilidad de la muerte.

Uno o dos o tres...o siete. Da lo mismo.
El fuego de la vida consume a los amantes,
y da su luz a los muertos.
Todo se acaba. Queda el silencio.

Y es que, como en el Barroco, la muerte acecha. Quizás –y ahora especulo– la dualidad del dios Quetzacóatl y el Día de Muertos en México propicien esta convivencia de lo mortal con la naturaleza que palpita:

En tu balcón los pájaros se han ido
y en el altar se vislumbran las coronas
que rezuman de la sangre de los muertos.
Corona para un rey muerto.

En cuanto a la estructura, *La plegaria de la ola* se organiza en dos grandes secciones. En la primera se incluyen poemas sobre el amor y el deseo, acuciados por el omnipresente *tempus fugit*. Abunda –cómo no– el agua, el mar y los elementos propios de una naturaleza exuberante donde conviven los pájaros con los dioses aztecas. El tema de la casa siempre está presente: la casa es un personaje más. Lo intertextual aparece en las menciones a Nietzsche o Katerina Gogu. Imágenes oníricas se entremezclan con expresivas formulaciones poéticas. Un ejemplo muy logrado es esta descripción de un eclipse:

Recogemos las estrellas
y las ponemos
en una bandeja
como panes.

Más adelante apreciamos en el poema "El ojo del deseo y la destrucción" el influjo de un título tan destacado como *La destrucción o el amor* de Vicente Aleixandre, poemario de clara raigambre surrealista. Así, Blanca Estela nos advierte:

El ojo carnicero acechaba a su presa.
Mudo y absorto, concentrado
se acerca.

La descripción de la soledad y el silencio se representan con indudable eficacia en "Todas las vírgenes son tristes". La idea de inanidad que desprende es conmovedora, amparada en una óptica femenina y feminista:

Todas las vírgenes son tristes,
ofrecen existencia sin gastarla.

La segunda sección del poemario lleva el significativo título de "Marinera en tierra", en claro homenaje a Rafael Alberti. Encabeza esta sección un extenso poema que Blanca Estela dedica a su madre fallecida y, como ella, "marinera en tierra". Se divide en tres partes. En la primera, se evoca el mar en su incondicionalidad, los anhelos y aspiraciones de la voz poética. El tono es combativo, vital y la autora se retrotrae a los dioses aztecas de su niñez. En otra cita metaliteraria, alude a *El cementerio marino* de Paul Valéry. Una interrogante recorre el poema, se convierte en un *leitmotiv* de desarmante sencillez:

9

"¿Por qué no me salen los nudos marineros?". La imposibilidad planea sobre el discurso poético. En la segunda parte se alude a un viaje por mar en el que el destino se identifica con un "cementerio de hormigas", pero en el que un "código secreto" está escrito "en el aire". La esperanza, pese a todo, gana el pulso:

> La esperanza es verde
> aire ligero, alegre

Hacia el final del trayecto la poeta hace un emotivo alegato ante su hijo:

> El árbol de las aguas
> levanta la cabeza.
> Es el árbol infinito
> de la sangre;
> de la estirpe de los marineros
> guiados por su estrella.
> Cariño, hijo mío.
> Te dejo como testamento
> este poema.
> En el que pelea
> con dientes y uñas
> tu madre.
> Que es Marinera en tierra.

Y concluye con una alusión irónica a Cristóbal Colón, "marinero bajo tierra". La tercera parte de la sección, en cambio, contrasta con las anteriores. Se produce una deriva pesimista, en la que se vaticina la llegada de "malos tiempos". La voz poética se tensa, nos transmite su miedo en una imagen de desvalimiento que se repliega hacia la infancia, en cuyo tiempo recupera la figura materna, la nana, personaje omnipresente: "Nana tengo miedo.".

No obstante, el balance final vuelve a ser positivo. Una vez más, la voz poética remonta el vuelo:

Soy memoria, soy anhelo.
Soy fe. Soy palabra.
En el horizonte alguien entona
La plegaria de la ola...

La "plegaria" que fundamenta el título de este poemario invoca en este último verso todo su poder y precede al siguiente poema, titulado "La plegaria de la ola", una composición central en este poemario, abstracta, ontológica y existencial, dividida en tres partes.

En su "Primera parte" la autora se dirige a un dios mineral, con un "clavel en la solapa" que representa la totalidad: fuerza creadora y protectora que habita el ánima de la poeta. La intensidad emocional es insoslayable El discurso se inicia de un modo luminoso, interpelando a un "tú" que involucra a toda la humanidad:

Gota de luz
vibrante transparencia.
Toco con el pensamiento
los bordes de tu máscara.
El ser sin rostro,
el ser sin nombre.
Lo que llamamos dios es solo fe.
Llevas un clavel en la solapa.

Blanca Estela Domínguez nos informa de que la plegaria de la ola es "un canto necesario", muerte y música, una obra construida con palabras, que recurre al misterio y al amor para "reparar nuestras heridas". "¿Cuánto pesa un corazón solitario?", interroga. La respuesta, por sí sola, cae como un peso muerto. La composición se cierra con la siguiente declaración:

Y todo el rato escucho
esa plegaria, que se multiplica.
La plegaria de la ola.

Infinita en su misterio.

La "Segunda parte" está encabezada por el término náhuatl *Tlamanaliztli* y la autora nos aclara que significa "ofrenda y sacrificio". Aquí el poema adquiere un tono más filosófico en donde se mezclan rituales prehispánicos mexicanos como el sacrificio humano, entendido como un ejercicio de regeneración en una concepción cíclica de la existencia:

La flor morada de la muerte
ya se cobró su víctima.
Ahora se ríe de mí
cada vez que la miro de reojo.
Es una flor por vivir y ya vivida,
florece hacia adentro de sí misma.

No es un poema improvisado, sino muy por el contrario, un ejercicio de reflexión poética fraguado con el tiempo. A través de él la poeta "espera en el fondo del poema". Su corazón, donde reside la *teyolía* –"alma" en náuhatl– se metamorfosea en "guarida de una planta venenosa". La intensidad emocional alcanza su clímax, de modo que en uno de sus momentos culminantes la voz poética recurre al lenguaje de la violencia:

Reclamo con pistola mi porción de tiempo y paraíso.

No obstante, a continuación la poeta atempera su espíritu con los siguientes versos:

…pero no quiero una plegaria triste.
Quiero solo escuchar
Nocturnos felices dedicados
a los amigos de siempre,
esos que no se van.

Ese será el tono predominante en la "Tercera parte", donde la voz poética se encarna de nuevo en la "Marinera" que encuentra en el mar su anclaje, situado en el litoral de Sant Pol de Mar, una hermosa localidad del Maresme catalán, tal y como explicita Blanca Estela Domínguez al final del poema. Aquí el "paisaje nuevo" constituye la esencia de un dios al que la poeta, en cuerpo y alma, recurre:

> *Es ese dios elegante*
> *Con clavel en la solapa*
> *El que deja huellas de sal.*

El discurso poético entonces se convierte en un canto de agradecimiento "al dios mineral", de manera que:

> *El himno y el discurso*
> *vuelven a ser fuente y manantial.*
> *Todo lo que no me agrada*
> *arde en el fondo del mar.*

Leemos a continuación otros poemas, pero es en estos dos, en "Marinera en tierra" y en "La plegaria de la ola", donde reside la intensidad poética del libro. Destaco, sin embargo, entre las últimas composiciones, la siguiente: "En la piel del agua", obsesiva rememoración del ser amado con metáforas de gran plasticidad: "en esta única oscuridad de poros abiertos". Particular mención hago asimismo de la elegía dedicada a Ángela, que aborda con delicadeza y ternura la temática del suicidio. En el mismo tono elegíaco otro poema, "Nostalgia", evoca *Un coup de dés jamais n'abolira le hasard* de Mallarmé, poemario que se cita explícitamente. Se cierne ahora sobre la autora un ánimo lúgubre, de corte gótico:

> *Los negros pájaros del*
> *adiós alzan el vuelo.*
> *Dibujan en el cielo*
> *la corona de la muerte.*

Este poema lo escribió la autora durante el confinamiento de 2020 en Barcelona, como homenaje a las víctimas de la COVID 2019.

Llegados a este punto y después de todo lo expresado, es necesario que concluya este prólogo. Sin embargo, al final de todos los caminos hallamos el origen, por eso no querría irme sin regresar al principio. Lo que por encima de todo diferencia y revaloriza *La plegaria de la ola* de Blanca Estela Domínguez es su brillante reinterpretación del mar como "casa". Y no entendamos la casa únicamente en su acepción arquitectónica, sino en un sentido mucho más amplio de refugio, fiel guardián de la palabra, albergue de la fe y la ilusión:

> *Quiero hacer de mi*
> *poema la casa del*
> *mar Y yo ser su*
> *Marinera...en tierra.*

El *Mare Nostrum*, más nuestro hoy que nunca, recita su plegaria y añade con el hermoso "Poema coda" un canto de amor y esperanza a los versos de esta "marinera en tierra" ya que, a pesar de los siglos, el mar sigue siendo el hogar de la poesía:

> *El agua profunda es mi hábitat,*
> *follaje de verde pálido:*
> *Jade mineral.*

Dolors Fernández Guerrero
Palau-solità i Plegamans, a 27 de agosto de 2025

La plegaria de la ola

Casa

Canción de amor para Beatriz

Lenta la noche avanza,
todo lo que la sombra engulle
hoy se ilumina de plata.
Crece la luna, se acerca,
con deseo de ser tocada.

Es grande, redonda,
como una jugosa naranja.
Pende de un hilo,
se columpia, se acerca
y parece manchada.
Luna ¡devuélveme a mi amado!
sin culpa, ligero.
Tráelo con alas.

El vaho del deseo
espesa el agua.
La luna reflejada huye,
camina como un fantasma.

Tengo miedo de mi voz.
De mi cuerpo que arde,
de mi sueño. Que no es un sueño.
De mi boca seca.
De mi presencia solitaria.
Tengo mucho miedo
al ver la luna ensangrentada.

Mal presagio pienso.
Mi amante ya no me ama.
La muerte espera. Sosegada.
El frío acero se ilumina
con tanta luz blanca.

Un corte certero.
¡La sangre estalla!
Ya voy sin ruido, ni peso.
Sin música. Callada.
Prisionera del sueño,
pliego mis palabras.
Mi sombra se vuelve líquida
y cuando ya no se ve nada,
la luna avanza
y con su luz nos ilumina
Una ventana del alma.

Namaste shanti

A: Lilia Ayala

Me enseñaste a respirar.
A cantar debajo del agua.
Y allá lejos, muy lejos,
me sostienes con un hilo invisible.
Corriges las posturas de mi cuerpo,
para que yo logre alinearme con los astros.
Para que la energía del cosmos me ilumine.

Eres la raíz de nuestra cultura.
En tu lengua no existe la palabra muralla.
No hay infierno ni paraíso.
Solo el amor y el espacio infinitos.

Eres una maestra.
Me recuerdas a Quetzálcoatl.
En diálogo adolescente,
dibujas una serpiente con tu cuerpo.
Y me imagino la serpiente emplumada.
Magnífica en su esplendor azteca.

Te sigo, te imito. Me concentro. Respiro,
  expiro.
    Respiro,
      expiro.
        Respiro,
          expiro.
            Respiro...
aprieto el ombligo.

Hacer mis ejercicios me da poder. Fuerza.
Descubro lo que quiero. Entiendo lo que no quiero.
Suelto amarras y me enfrento a tempestades.

No tengo miedo.
Ya no estoy obsesionada con la eternidad,
ahora soy mi tiempo.
Palabra y canto.
Agua que fluye y busca su camino.

Encuentro

Desde mi Tenochtitlán vengo a encontrarte,
mi amante de piel azúcar...
y vengo con las manos llenas de brasas ardiendo.
Con plumas flotando sobre el agua.
Las plumas del cenzontle,
pájaro de cuatrocientas voces...
Río de agua ensangrentada.

Representamos a dos culturas que chocan
pero nosotros nos fundimos;
cabalgamos por un camino llano
y vamos veloces. Nos amamos.
Transitamos el sendero que la realidad inventa.
Inventamos la vegetación de transparencias.

Es mi escritura que todo lo toca.

Me dieron el pan,
me dieron el tiempo,
me dieron la música,
la palabra, el sueño.
Me dio alguien este amor.
Y yo no sé en dónde ponerlo.
No sé qué hacer
ni qué no hacer:
Cantarlo,
contarlo, callarlo, esconderlo.

El cielo gira
y aparece el fantasma de mis sueños,
un tiempo sin horas
se instala en este insomnio eterno.

Me alejo de mí misma.
¡Tengo miedo! "paciencia" pienso.
Todo ha de llegar.
La luz. Mi casa. Mi nana,
mi madre riñendo...
Mi padre que sonríe al final del pasillo.
Los árboles de mi infancia, inmensos.

Te amo.
Esto no es un poema de amor.
Es un ejercicio de respiración.
Es mi murmullo.
Mi voz pequeña.
Mi pensamiento.
Mi movimiento
dentro de esta jaula de palabras,
        en donde habitan mis sueños.

3 de Agosto

En una esquina del verano,
se queda pinchada la tarde
del tres de agosto.
Las palabras se hunden
en arenas movedizas…
Quizá no debamos hablar de más.
La escena se congela.
Es deseo en estado puro.
Esencia de Eros.
¡Ay amor, devuélveme el beso!
Aquel beso que me robaste,
 y en su lugar se quedó
un verano eterno.
La piel abandonada,
la sed perpetua de tus besos.
No he vuelto a dormir tranquila.
Cada noche vuelvo
a recorrer aquella esquina
del verano sediento.
Aquella tarde del tres de agosto.
Ese momento que suma
cada vez que lo recreo.

3 de agosto...

Regresamos para siempre a una casa que ya no existe.
Envuelta de sol, rompe su luz y su silencio.
La casa nos cuenta la historia
de la esquina rota, del verano sediento.
Huele a otra mañana
y a aquel lecho del primer beso.
Se asoman por las ventanas de la casa;
el jardín y aquella parra de uva...el cerezo.
El silencio del agua es inmenso.
Se asoman los pájaros alborotados,
la casa habla,
yo la escucho.
Lloro porque no te veo.
Porque no creo en nada.
Porque algo de mí se ha muerto.
La casa reposa la cabeza en mi memoria;
y poco a poco, cuando cae el sol,
se va yendo. Sola. Triste. Vacía. Sin dueño.

Es tiempo vacío de tiempo, la tristeza

Uno o dos o tres…o siete. Da lo mismo.
El fuego de la vida consume a los amantes,
y da su luz a los muertos.
Todo se acaba. Queda el silencio.
Las letras que se agitan en mi poema
y se desordenan en un macabro juego.
Queda mi tristeza sedienta. Que ya no se va
ni bebiendo tequila ni agua fresca.
Es tiempo vacío de tiempo, la tristeza.
Como una palabra que no nombra nada.
Como la tierra seca.
Hay un reloj. Tic tac…
que nos recuerda, que todo es prestado.
Que el camino es circular
y en espiral descendemos en larga espera.
Mientras nuestra sombra, que nos acompaña,
es un guerrero de paz, con precisión de atleta.
Y aquí estoy al final de esta fecha.
Quiero nadar. Dormir. Para qué inventar.
Reencontrarme con Nietzsche en mis sueños.
Acariciarlo.
Y escuchar tu voz en mis versos.

Nietzsche

¿Te recuerdas de Nietzsche?
aquel gato que aparecía y desaparecía.
Vive en el Tarot de mi abuelo.
Personaje de nuestros encuentros.
Nos hizo compañía, gracioso huésped;
amable, educado, esquivo, fugaz, atento.
Negro y blanco. ¡Visto y no visto!
"Gato encerrado" en sí mismo.
Duende-sacerdote de valores secretos.
Testigo.
El único testigo. Pupilas de espejo.

Todas las vírgenes son tristes

Hemos vuelto a la casa azul
del mar embravecido.
Ese mar que me prometió
resaca de amor...
encuentros azarosos.
I ara es el no res
en medio del camino.
Es dulce la reunión y nos callamos.
Hablamos de las plantas, de los muebles,
no hablamos del pasado.
En silencio nos miramos.
Huele a humedad; huele a vacío.
Hay un Pentecostés privado
encerrado en esa casa.
Es cínico el cuco detrás de la puerta;
y las puertas están cerradas
también las de la esperanza.
En la rinconera
reposa la imagen de una virgen,
da igual el nombre.
Todas las vírgenes son tristes,
ofrecen existencia sin gastarla.

Ceremonia de cenizas

Amo tu voz.
Pero desconfío de lo que dicen tus palabras.
Oigo en mi corazón tus pasos que se acercan...
y hago una ceremonia de cenizas.
El buque ha partido.
No lo veré más. No lo habitaré más.
Es madera de buque muerto.
En su final, está su huida.
En su silencio
          habita un dios miserable.

Y fui un mal amor

Yo fui un mal amor.
La cobardía y el miedo,
la mancha de mi sangre.

Soy paloma y tigre
al mismo tiempo;
ola rabiosa que embiste
a la estrella venus que nos ilumina
en la noche oscura del alma.

Yo fui
la salud de tu gozo en el espacio
y conozco tu boca entera
tu cuerpo en llamas,
tu cuerpo que es ahora madera de buque muerto.
Memoria antigua de corales y de algas.

En mi vago país recóndito te acaricio.
Es rotundo tu esqueleto entre mis brazos.
Está la mente quieta y entra el eco gritando:
"lo que no se tuvo
no se puede retener"
Ya no hay nada.

Mozart o Bach...
mi corazón es una puerta cerrada.
Media vida he desvivido
la concentración de la nada.
Amo el espejo que me refleja
y agradezco mi tristeza
irónica y callada.

Ahora estoy lejos de mi
pero el sonido del tambor
me trae recuerdos de mi infancia.
Me recuerda quien fui yo
y como burlé los macabros planes
para mis andanzas.

Me has regalado un corazón
pleno de intuiciones fulgurantes.
De significados ocultos:
un trozo de piedra que es lealtad,
fidelidad, dignidad y futuro.
Su cálido color
me trae recuerdos de tardes
en las que vimos juntos
los mares del sur
estremecidos en la selva hispana.

A veces me pides amor mío
que te saque del silencio.

Por qué te vas

Hace una semana que has partido.
¿A dónde? Ni idea.
Lejos.
Y haces después de muerto
las mismas iniciales
en la caricia de mi cuello.
Es falso el terciopelo
de la magia del deseo.
Se abre la puerta al fuego de Eros.

Tu carne fue mi paraíso
y ahora es mi destierro.
Me esperaba siempre
la gran promesa de tu abrazo.
El territorio de tu sangre
y tu corazón lleno de pájaros.

Soy una mujer.
Amor propio, estima y esperanza.
Solo tu recuerdo, lo mismo que la niebla
cubren la montaña.
Soy una reina del tamaño del aire y
habito mi palacio de verano.

Acuérdate del pan. Trae vino.
Y siéntate en la orilla de mi sueño.

Fragmentos para domar a la tristeza

Si hoy me atrevo a escribir es por tu sombra,
que anda en mi memoria y me sumerge
en el tiempo de todos los instantes.
Ahora me he quedado en el lugar de la ausencia:
frágil, débil… y despliego mi tristeza
como un mapa:
los que llegan no me encuentran,
los que espero ya no existen.
Años y segundos hacen el amor bajo la lluvia.
Aprenderé a dormir en la acera
de nuestros recuerdos.
Mañana será pasado
y pasado será siempre
quizá mis heridas nunca se cierren.
Lo que fuimos juntos ardió
y ahora solo escucho tu risa
florecer en mi silencio.

Soledad en llamas

El filo de la navaja
              se parece a tu voz
                       corta
y sangra en mi memoria.
Luego, esta se despeña por
recuerdos afilados de injusticias:
silencios inmerecidos
ausencias dolorosas.
Mi fantasma se suicida.
No aguanta las arañas en tumulto
que salen de tu boca.
Y prosigo sin cuerpo
              sin fantasma.
Voy a tientas por el laberinto.
Entre el azul y el verde
de mi soledad en llamas.

Mi poema de enero

Dedicado a mi amiga Niko Kristoforidi

Con gruesa sílaba de enero
comienzo entusiasta mi poema.
Ignoro de dónde viene
y a dónde va.
Miro a los ojos fríos del miedo,
que debajo de la página me miran.
Y oigo el silencio en el rumor del viento.
Siento el paso del tiempo y me devora.
Debo llegar puntual a mi futuro incierto.
Con mi corazón vacío. Hueco.
Con mi estrella que no brilla.
Con mi tumba abierta de agua y sueño.
En víspera de Dios,
hay nacimiento.
Escribo.
Voy desnuda
entre sonidos me muevo.
Voy ligera
sola y serena.
Aprendo a ir por el mundo,
a mirar un árbol en el bosque:
aprendo a mirar hacia arriba.

Soy un personaje de Ekaterina Gogu

Vestida con mi "traje de madera"
Sonriendo me pregunto:
¿Qué hacen los inquilinos de la tierra?
¿Rituales religiosos?
¿Orgías sexuales?
Acaso leen. Escriben y rezan.
Camino por las calles desiertas de Atenas.
Y veo a mi amiga con su falda de papel.
Recitando en su jardín árido y reseco.
Y con Mirtó de la manita.
Hay unos ángeles que vuelan hacia atrás,
todo es muy raro…
Lo único que me mantiene atenta
son los remordimientos.
Y "aquello" que más temo
es convertirme en "poeta"
Perseguir palabras,
en lugar de perseguir mis sueños.

Caracol

Para: Jaime D. Parra

Soy un caracol con mi casa a cuestas.
He visto a la virgen del delirio
y su perversión de la fe:
el juramento es falso,
no hay paraíso.

Sigo mi camino lento y tortuoso
de piedras deformes: húmedas y secas.
Me deslizo. Mi único remedio.
Me encuentro con la luna
en una gota de agua
sobre una hoja verde,
baila.
Baila la luna llena
al son de la música del viento.

Todo se enciende en la obscuridad
y mi escritura dibuja:
a un caracol con su casa a cuestas.

Homenaje

El ojo del deseo y la destrucción.
Homenaje.

Era una tarde de cristales de aire blanco,
un palacio transparente de verano.
El árbol envuelto en llamas resplandecía
y levantaba su cabeza con dulzura.

El ojo carnicero acechaba a su presa.
Mudo y absorto, concentrado
                     se acerca.
Hay unas alas que al tocarlas se rompen.
Son trocitos del corazón de la víctima,
que nunca volverá a ser latido de alegría.
Nuestros nombres caen
ante la pupila carnicera
que todo lo destroza.

Los negros pájaros del adiós alzan el vuelo.
Y dibujan en el cielo la corona de la muerte.

Eclipse

Ayer hubo un eclipse de luna
claro y limpio.
Modesta curva ensombrecida,
bahía de fuego sin rubores.
Campo azul.

Recogemos las estrellas
y las ponemos
en una bandeja
como panes.

Dibujo de mi amante en fondo azul

Azul.
Solo azul.
Horizonte azul.
Oleaje…
Instante eterno.
Es la hora de la luz
y la nota más aguda
que da sentido al canto.

Todo sigue igual; también
tu vocación de existir
a través de mi poema.

Caballero andante

El galope tendido es ahora la rutina.
Ritmo en el silencio de tu cuerpo.
Cómo logras tocar mis bordes,
mis sabores, los pliegues de mi sexo.
Eres tenso, redondo y fuego.
Gravito sobre mi eje. Me crezco.
Al galoparte cuerpo, amor mío, siento,
cada vez menos hombre y más latido…
Es infinito el viaje del deseo.

Nuestra es la sed del horizonte a lo lejos.
Galope, campo bravo, el eco de tu voz
retumba entre los muertos.

Las piedras de *Sant Pol de Mar*

Escucho la oscura palabra de la roca.
Volverán a llevarse las olas tu nombre
pero la roca guarda celosa todas las letras.

Y es aquí, en los huecos del sentido.
Sobre la arena, llena de piedras.
En donde por fin me siento feliz.

Soy una sirena consabida
y me desnudo en lengua franca.
Canto de dolor y de añoranza.

La hora de la luz
es la hora de la verdad.
La caracola desvela su secreto.

Marinera en tierra

Este poema es mi homenaje a Rafael Alberti. Por el Centenario de la publicación de *Marinero en tierra* en 1924.

El marinero ahora es una marinera…y canta y cuenta su historia llena de lunas plenas

Dedico este poema a mi madre. Que nació un 9 de agosto, como hoy. Ella también fue *Marinera en tierra*. Y me enseñó a sortear los naufragios con paciencia y con certeza.
Estás lejos. Pero yo te siento cerca.
Y los cien años de soledad los voy cumpliendo poco a poco.
(Esto lo escuché en sueños. Cuando desperté lo escribí)

I

Siempre me dices que soy Marinera en tierra.
Pero entonces,
¿por qué no me salen los nudos marineros?
Si yo soy la mar que golpea
los bordes de la noche.
¿Por qué no me salen los nudos marineros?
Si soy el pájaro liviano
que acompaña al marinero.
Soy la piedra paciente en su paciencia infinita
que espera en la orilla de la playa desierta.
La piedra que le abre la cortina al sol,
para que nos ilumine y nos de calor,
con su único ojo dorado y abierto.

No me salen los nudos marineros,
no me salen.
Quizá deba ser así,
zarpar sin nudos
ágil, seguir la estrella.
Entregarse al líquido paisaje;
invocar una palabra para atajar la lluvia,
ser cómplice del viento y la tormenta.

Llorar en el Cementerio Marino de Paul Valèry

y hacer de su casa un huerto.
Un huerto marino
para sustento de los peces de piel fugaz,
para mi alimento.

Quiero hacer de mi poema la casa del mar,
y yo ser su Marinera...en tierra.
Cantarle al deseo;
al deseo del barco que se aleja,
por los peligros del naufragio,
por el vértigo que se refugia en la leyenda.
No sé navegar, pero sé cantarle al mar.
Soy Marinera en tierra.
Escribo las olas y estas van suaves,
vagabundas, lentas.
Canto la música exquisita de arpegios
que miran de frente a la luna llena.
Las notas se reflejan en sus aguas
e iluminan mi poema.

El dios nace.
Tláloc. El dios de la lluvia.
De la cosmogonía azteca.
La magia ata y desata
los nudos marineros
de la Marinera en tierra.

Y nos marchamos a galope
de un caballo redondo, que entra en mi casa
luego de dar muchas vueltas.
Cala vinyeta es mi casa, dentro y fuera.
Ala, corazón, gaviota, aire,
todo vuela.
Nace la poesía bajo las aguas,
me distrae un canto de sirena.

Tláloc está atento, espera.
Que yo acabe con mis nudos,
para echarme a la mar con la tormenta.
Sus ojos se abren y se cierran,
me acechan…
Él es el dios de la lluvia y el relámpago
y tiene la facultad para dominar el agua
y proveernos del también llamado
licor de la tierra.
Chalchiuhtlicue es su esposa,
la diosa del agua;
de los lagos, los mares, los manantiales…
la de la falda de jade.
Hermosa en su leyenda.

Ya mis nudos marineros ¡están atados!
Entono la plegaria del poeta:
Juro que el presente es perpetuo.
Que navegaré con mi pluma
por el ánima del mundo.
Creo que cada palabra palpita,
oigo su latir en mi poema.
Juro que mis palabras
no son signos
de un alfabeto roto.
Juro que Tláloc es verdad.
Que los ocho nudos marineros
son juego de magia.
Te juro amor mío, que mi caricia
dura una eternidad para tu rostro.

II

Y sigue el canto de la Marinera lejos de su tierra.
Canta a la piedra de sol, al águila y a la culebra.
Mi poesía es todo esto, como si fuera un antes:
a lo largo de todos los tiempos
las dos grandes orillas comunicantes.
Este mar inmenso que nos hace de camino
ahora es frontera líquida que nos aleja
y nos divide en espacio-tiempo...
si al final todos vamos a parar
al cementerio de hormigas
que debajo del océano miran.
Miran atentamente a las almas
de las próximas hormigas,
ya lentas
cavando su fosa líquida.

Las casas se divisan a lo lejos
con sus ventanas abiertas.
La esperanza es verde
aire ligero, alegre
que se mezcla con
el color azul del mar
que mece mi barquita marinera.
El pájaro feliz aletea
sobre nuestras cabezas.
¡Escribe en el aire!
Es un código secreto:
como una luz tuerta,
como una calle vacía,
como una aguja ciega.
Y a lo invisible: abiertas
las puertas del cielo y el infierno.

Sigo mi camino y decido
no acercarme a la orilla.
Llena de tumbas, de cruces.
Tierra seca. Tierra baldía.
Mi lugar está aquí,
entre las hierbas azules
alguien me espera.
Un principio y un fin
todo da vueltas.
El árbol de las aguas
levanta la cabeza.
Es el árbol infinito
de la sangre;
de la estirpe de los marineros
guiados por su estrella.
Cariño, hijo mío.
Te dejo como testamento
este poema.
En el que pelea
con dientes y uñas
tu madre.
Que es Marinera en tierra.
Lucha siempre y
¡nunca bajes la cabeza!

Mi poema parece:
"Los cuatro viajes del Almirante y su testamento"
Cristóbal Colón,
                        ¡cuánto te costó pisar América!
Tú si eres un Marinero,
un marinero bajo tierra.

III

Llegó el invierno.
Con su traje de soledad
ajustadito a la cintura.
Llegaron los "malos tiempos"
en medio de esta calma que respira.
Nana tengo miedo.
En tu balcón los pájaros se han ido
y en el altar se vislumbran las coronas
que rezuman de la sangre de los muertos.
Corona para un rey muerto.
Las calaveras sin ojos
nos miran fijamente.
Y yo me he olvidado de los cuentos
que me cuentas cada noche.
En tu mudo jardín todo está quieto.
Ahora hay que esperar.

El mar a lo lejos
es una fuente rabiosa de libertad.
Sube como una sinfonía.
Me llama, me arrastra.
Y yo que era Marinera en tierra
ahora soy raudal...la tierra sigue a la deriva.
Nado por dentro,
es un camino interior.
Lleno de protectoras ausencias.
Soy entendimiento y voluntad.

Suspiro por la flor de loto.
Mi polvorienta juventud me trae
recuerdos agradecidos.
Cada día tiene su orilla.
Cada dolor su verdugo.

Todas las sonrisas
tienen una madre
detrás de la ventana.

¿Cómo es ayer, ahora?

Vuelvo a mi memoria.
¿Adónde más?
a desandar mis pasos.
A buscar en el olor
mis flores del verano.
En mi corazón
poco a poco voy borrando
los malos ratos.
Abandono los barcos averiados,
estoy en paz.
Fui marinera y ahora descanso.
Me refugio en cala *vinyeta*
y me preparo, para zarpar
lejos como pájaro liviano.
Como pez de piel fugaz
como brisa suave de verano.

Me preparo para un viaje largo,
saldré de noche llegaré temprano.
Quizá a donde voy no exista el agua
no sé cómo es ese lugar.
Pero sé que no me perderé,
al cuello llevaré atado
un corazón de santera
de piedra roja. Tatuado
con una flecha que me indica la ruta
de ese viaje interno y obligado.
No tengo miedo.
Soy memoria, soy anhelo.
Soy fe. Soy palabra.

En el horizonte alguien entona
la plegaria de la ola...

La plegaria de la ola

La plegaria de la ola

Gota de luz
vibrante transparencia.
Toco con el pensamiento
los bordes de tu máscara.
El ser sin rostro,
el ser sin nombre.
Lo que llamamos dios es solo fe.
Llevas un clavel en la solapa.

I

La plegaria de la ola
es un canto necesario.
El rumor de hojas secas,
la cara de un colectivo solitario.
Una galería de ecos
enredados en algas perversas.

La luna recién caída
es secuestrada por las olas
que la estrujan y la rompen
y miles de trozos de luna amarillenta
flotan hacia el viento indiferente.

La plegaria de la ola
es el mayor misterio de la muerte.
Es el canto al vuelo del águila
esa que devora a la serpiente.
Símbolo de la plenitud de la vida.
Albor de un signo: nacimiento de un pueblo
en un palacio transparente de verano.

La piegaria de la ola es una música remota
que viene de un rincón del cosmos.
Es el amparo filial de un dios
que me devuelve a la inocencia.

Es mi categoría filosófica:
solo creo en la Plegaria de la ola.
En esta construcción de signos
que nos nombra y nos completa.
La ola espejo: refleja el alma de la belleza
que se consagra a sus colores.

Todo es nada.

La Plegaria de la ola es una obra maestra.
Pero no la tendréis. No la escucharéis.
Cada uno la descubre y la escucha o no,
en algún momento, es un suceso musical puro.
Es breve su furor: demencia y delirio pasajero
es un entendimiento súbito entre dos orillas paralelas.
Después está lo oculto que se entrega.

La plegaria tiene palabra opaca
que se refugia en el hueco de su ola.
No hay nada malo ni bueno.
Parece que la vida se ha marchado
a un país extranjero.
Somos una selva azul que avanza
fuga del miedo.
Creamos las palabras
para un diálogo nuevo.

Las palabras que nombran
¿qué nombran?
un mundo nuevo
con árboles danzantes,
aire, agua y tiempo.
Solo necesitamos eso...

..tiempo para reparar
el dolor de las heridas.
Tiempo que es oro
porque cuando cura-revela,
convierte lo roto en camino y
en esas grietas se esconde la belleza.
Hay que reparar con amor
nuestras heridas.

¿Cuánto pesa un corazón solitario?

¡De pronto me envuelve una ola inmensa!
Pienso demasiado, nunca estoy atenta
al movimiento de mi cuerpo,
a la marea del mar,
que me arrastra con la tormenta.
Soy solo sed de entendimiento.
Los movimientos bruscos
los convierto en cámara lenta;
entro en otro tiempo,
en un espacio vacío…
y todo el rato escucho
esa plegaria, que se multiplica.
La plegaria de la ola
infinita en su misterio.

II

En el calendario azteca
ya está pinchada la hora de mi muerte.
Si yo pudiera, ahora volvería
a la cima de la Pirámide del sol
rascacielos sagrado;
centro ceremonial y místico...
Miro como mi poema largo sube paso a paso
la escalera de piedra hasta el cielo.
Ahí me espera un sacerdote
es la hora del sacrificio.
Pasado, presente y futuro son lo mismo,
todo queda suspendido.
Acudo puntual a ofrecer la ofrenda
que es mi cuerpo.
...
luego lloverá,
crecerá el maíz hasta el cielo.
De las plantas pinchosas saldrá aguamiel
y los árboles se llenarán de fruta dulce...
así era antes, así es ahora.
Mi plegaria derrama al fin su nombre.
Su nombre es el nombre genérico
de los que no tienen nombre
porque son Teyolia... las almas.

La flor morada de la muerte
ya se cobró su víctima.
Ahora se ríe de mi
cada vez que la miro de reojo.

Es una flor por vivir y ya vivida,
florece hacía adentro de sí misma.

La plegaria de la ola comprende
todos los estados que se repiten.
El sol gira en su voluntad geométrica:
astro, círculo, meta;
lloro porque doy vueltas.
El yo que me impulsaba, me increpa;
la soledad se aferra a su materia abstracta.
Rezar adquiere calidad de templo.
El tiempo es redondo:
"aquella es mi vida y no podré llegar"

Alguien que no soy yo escribe
y combate la soledad prevista.
Alguien que era yo
espera en el fondo del poema.

Hay un texto secreto para cada ser:
es la partitura musical de su vida.
Yo escucho siempre
el redoble metálico de los truenos.

Y hay pupilas para ver un mundo
sin ídolos y sin dioses.
Prefiero tocar un cuerpo
esa forma rebelde que se expone
y en contra de lo que oculta
se entrega.

La plegaria toca la llama con su verbo.

Mi corazón ha empezado a caminar despacio,
dicen los médicos que no saben por qué,
es la tristeza…
ahora soy guarida de una planta venenosa.

Nieve en agosto. Copa de vino para el condenado.
Ahora mi tiempo lo rige un horario carnicero.

Soy un árbol mental
que intenta solo ser árbol
para burlar a la muerte.

El espíritu del mar escribe
sobre páginas de espuma,
su discurso abre una gran herida
que se pliega en sus renglones
y de la poesía
solo queda el grito.

Todo se transfigura y sangra por los poros
me convierto en una ladrona de la vida.
Reclamo con pistola mi porción de tiempo y paraíso.
No creo que me escuchen pero yo lo intento.

Cuando se instale el silencio y no pueda más
espero que mi Plegaria se repita infinitamente
…pero no quiero una plegaria triste.
Quiero solo escuchar
Nocturnos felices dedicados
a los amigos de siempre,
esos que no se van.

3

De la Marinera queda la Plegaria:
Les dejo la piedra,
la ola, la luna, el pan solar
para construir un paisaje nuevo
con unas velas blancas
que sean templos en el mar.

Mis palabras se convierten
en peces de piel fugaz
y sobre la roca de coral
hacen una danza líquida
de efluvio ancestral.

En esta plegaria hablo a un dios
que me espía en la noche,
con sus lucecitas encendidas,
centelleantes
mientras me emborracho
al ritmo sereno de la baja mar.

Es ese dios elegante
con clavel en la solapa:
el que deja huellas de sal.

De pronto me invade
una extraña alegría y
me siento agradecida
a mi dios mineral.
El que me ha dado todo:
palabra, voz, hueco en la ola
para escuchar el discurso fluvial.
Me ha dado el tiempo
para poder cuidar y amar.

Me da el profundo cuerpo
de la escritura para mi canto.
Y una constelación de signos,
que son el lenguaje. Y que
como un ardiente sexo,
estalla en el momento perfecto
y dibuja una cicatriz luminosa.
Es el mapa del camino
que hemos de transitar.

El himno y el discurso
vuelven a ser fuente y manantial.
Todo lo que no me agrada
arde en el fondo de mar.

Sant Pol de Mar. Agosto 2025.

Poema coda

Te espero
en un bosque de arena líquida
al fondo del mar.
Bajo este vidrio
de valles esponjosos, te espero.

El agua profunda es mi hábitat,
follaje de verde pálido:
Jade mineral.
Ahí, los goces se transfiguran
en densidades plácidas
de bordes lúbricos
es la piel del agua
y la noción de tu ser litoral.

Somos cuerpos sin peso,
somos naves del alba.
Somos guerreros de paz.
Hago un cuenco con la mano
y atrapo la luz líquida:
en este umbral de las nostalgias.

Agua sedosa, anfibia,
tiempo que se desliza
yo venero tus sombras
y me hundo para siempre
en el candor de tu certeza.

Otros poemas

Nocturn mar d´estiu i lluna plena

Para: José A. Ortiz

La quietud y el movimiento
desde el origen suspendidos.
Nocturn mar d´estiu
este es el poema
de los abrazos líquidos.
Un poema para José
escrito con cariño.

Un nocturnito que
conecta con un instante eterno:
el viento es su murmullo,
el mar contiene
un universo en sí mismo;
en donde habitan criaturas
que danzan con los ojos ciegos,
al ritmo de valses
sobre las olas
con sus mareas y sus sueños.

La luna es nuestra compañera
como tú que siempre estás conmigo
cuando leo, cuando escribo,
cuando bebo... y cuando nos reímos.

Luna de plata,
quiero que ilumines
esta nota para mi amigo.
Que sobre la ola se lea
solo ese signo. El de la unidad,
la amistad, un círculo.
Una espiral que nos muestra el camino.

Ahora quizá debamos
prepararnos para el viaje.
Serenos, tranquilos.
Estar atentos a la luz.

Cuando amanezca
atravesaremos una puerta azul
y sin más despertaremos
de la magia de los Nocturnos
los versos y los abrazos líquidos.

Nocturnito

Para: Alexander Ekzhánov

Rayo de luna
tu plata espesa el agua.
Otra vez la luna
y sus ojos húmedos
que nos engañan.

Lunita de frío mármol
sobre la estepa
¡multiplicas tus rayos!

Arco iris nocturno
discreto y callado.
Inmóvil, sin sombra vieja.
Remoto. Cada mes más lejano.

Mi pueblito de Rusia
frío y blanco.

Idéntico y glorioso
y tristemente lejano.

Oscuridad de poros abiertos

En la piel del agua
un sudor de canela dulce brilla.
Sigues presente en esa humedad
obsesiva de mi mente;
el olor también en esta noche transpirante,
en esta única oscuridad de poros abiertos.
Tiembla mi cuerpo,
el estremecimiento es externo,
porque en el fondo todo sigue igual,
estático, inmóvil;
seguirá así sola tu imagen, intacta,
concentrada y obsesiva,
más allá del tiempo,
indiferente de la muerte, de la vida, del amor,
de nuestra historia.

Escribo sin palabras

A Maribel Espinoza

Escribo en el principio de la noche
con tu amor como estandarte,
escribo en la orilla de la nada,
porque me ahogan las palabras
que te nombran, que te describen,
que te construyen como ser irrepetible;
escribo en el pliegue de la ola inmensa,
para que el sol reseque mi discurso,
escribo sin palabras,
porque no tengo más nada que decir.

Las cenizas de Ángela

No pudimos ayudarte.

Te has marchado como quien sale de un cine. Harta de tanta historia que no le interesa. Humillada por la gente que le rodea y se ríe y hace ruido y no dejan oír lo que dice la protagonista. No te dejan seguir la historia. ¡Ese es el punto! No te dejaron seguir tu historia. Todos tenían planes perversos para ti. Y tu único plan era no participar en ese plan. Pero no pudiste resistir. Te marchaste. A un lugar en donde se entrecruzan tormentas y sollozos. Huiste de un exceso de realidad. Para hacer de tu no presencia-permanencia. Ángela sé que estás entre nosotros. Alrededor. En la boca abierta del viento. En el vuelo de un ave marina que cruza el cielo como serpentina de colores y entra al mar y surge de nuevo.

Me siento culpable por todos los culpables. No debimos permitir que te marcharas.

Ahora estoy aquí intentando adivinar tu cara, ver tu pelo. Olerte. Pero no hay nada. Nada. Absolutamente nada.

Un tigre. Veo un inmenso tigre en mi poema. Abre el hocico.

Es lo que debiste ver al suicidarte. Un inmenso tigre que abre el hocico y te devora.

Espero que no te vayas nunca. Que cada noche oigamos todos el rugido del tigre.

Ángela te saliste del cine. Y nadie te estaba esperando afuera.

Nostalgia

Los negros pájaros del adiós
alzan el vuelo.
Dibujan en el cielo
la corona de la muerte.

Sin voz y sin palabras
se instala el silencio.
El silencio de las horas
de los muertos.
Los muertos están solos.
Solo acompañados de
más muertos.
Los cuerpos se enfrían,
entran en un eterno invierno.
Ya no son peso ni realidad.
Solo eco sin memoria.
Los muertos se van yendo solos, frágiles, ligeros.
Se van no. Los echan.
Los sepultan antes de tiempo.
En sitios provisionales,
para enterrarlos luego.
No tienen suficiente con morir.
Para descansar deben esperar,
años quizá,
para ocupar su hueco.
Y los que se mueren
de repente,
se mueren con prisa.
Solos también,
sin despedirse, sin mirarse.
Muerte de mal sueño.

Los negros pájaros del adiós
alzan el vuelo.
Dibujan en el cielo
la corona de la muerte.

Ay ¡son muchos muertos!
Miles.
Miles de familias en duelo.
No tengo tristeza, ni miedo.
Tengo vacío.
El tercer ojo abierto.
Un silencio a fuerza.
Calles vacías, plazas vacías.
Faltan los niños
solo veo perros.

Los negros pájaros del adiós
alzan el vuelo.
Dibujan en el cielo
la corona de la muerte.

Un coup de dés... me deslizo
por el poema de Mallarmé,
siguiendo su plástica belleza.
Desciendo hasta el frío paraíso,
Mictlán según la leyenda azteca.
Todos llevan su corona.
Corona para un rey muerto.
Son héroes de un abismo blanco.
Solo fantasmas de ceniza.

Los negros pájaros del adiós
alzan el vuelo.
Dibujan en el cielo
la corona de la muerte.

Todo ha sido tan rápido:

el virus, el dolor, la muerte.
Ahora son la espiral inversa.
Volverán a andar
sobre las aguas.
Espero. Imploro.
Que cada cosa vuelva a su lugar.
Y poco a poco nos marchemos.
Cuando nos toque.
En paz, con tiempo.
Espero que en la otra orilla
encuentre una mano.
La que no tuve para apretar
en el momento de decir adiós.

Los negros pájaros del adiós
alzan el vuelo.
Dibujan en el cielo
la corona de la muerte.

No es Barcelona.
Yo no soy la misma.
Nadie es el que era.
De pronto todo es el "antes"
Para muchos no hay después.

Los negros pájaros del adiós
alzan el vuelo.
Dibujan en el cielo
la corona de la muerte.

Este poema fue escrito durante la pandemia y confinamiento del covid-19. En Barcelona.

...nosotros hemos ido a Sant Pol... ¡muy bonito! Mi mar.

Su olor característico. Sus rincones: que están en mi memoria y son guarida en los momentos malos.

Sant Pol es mi casa espiritual. Mi escudo contra la tristeza. La patria de mis obsesiones líquidas y poéticas. Mi refugio.

ÍNDICE

Ediciones Vitruvio

Colección Baños del Carmen

Últimos libros publicados:

Poesía completa, de Álvaro Pombo

En busca de Shaun-Mor, de José
Luis Ariel Méndez

Al final del principio, de Andrés
Carlos López Herrero

Poesía completa, de Blanca
Sarasua

Amor Maduro Busca, de Ambrosio
Gallego

Tú llegarás a mi ciudad vacía, de
Daniel López Acuña

Los amarillos ojos de la bestia, de
Angélica Morales

Traslúcida, de Fernando Pastor
Mata

Sonetos de amor y de agonía, de
Jaume Mesquida

Diálogo, de Lander Sánchez

Que no nos pase nada, de Federico
Jiménez Asenjo

Fiebre del olvido, de Leonardo
David Segado

Luz de labio con el beso dentro, de
Pedro Villarejo

Luces en la sombra, de María José
Pérez Grange

Con el paso del tiempo, de Elena de
Jongh

Hambre y sed de paraíso, de José
Ramón del Canto

Cajas, de Nieves Viesca

Para saber que existo, de Karlos
Linazasoro

Esta es la noche, de Jesús Ayet

Entre la herida y la sombra, de
Sonia María Riera Gata

Deja la vida en paz, de Pilar Úcar

Poemas dedicados, de Encarnación
Sánchez Arenas

Entre dos mundos, de Julián Borao

Esta es la noche, de Jesús Ayet